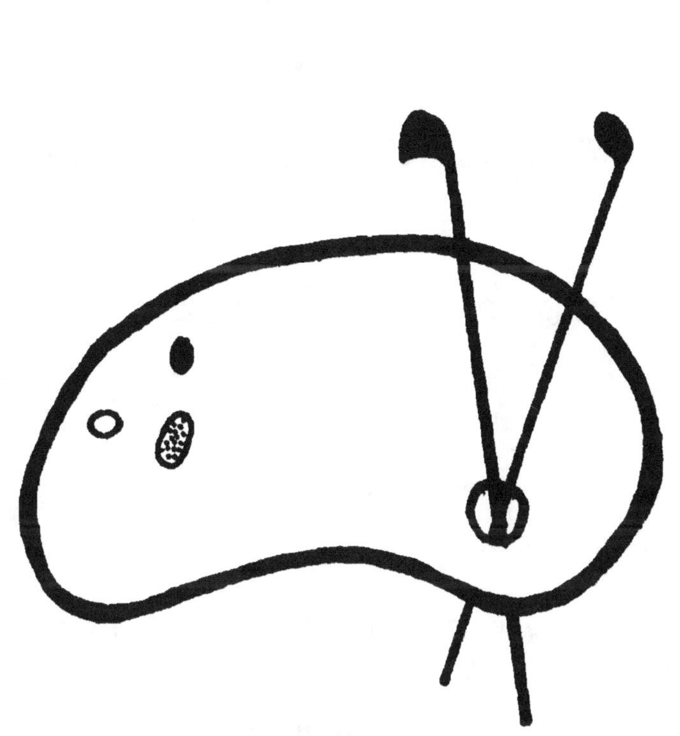

DEBUT D'UNE SERIE DE DOCUMENTS
EN COULEUR

LA SOCIÉTÉ PROTECTRICE

DU

TRAVAIL CHRÉTIEN

AU CONGRÈS DE BORDEAUX

DE L'UNION DES ŒUVRES OUVRIÈRES

PAR

LE P. LUDOVIC

Capucin.

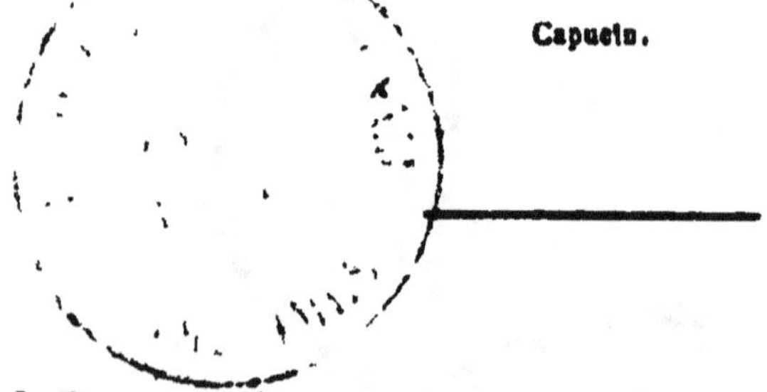

I. Des services que peuvent rendre les listes des travailleurs chrétiens.

II. Conférences de Saint-Joseph pour la confection et la distribution de ces listes.

ON PEUT SE PROCURER CETTE BROCHURE AU PRIX DE 25 CENT.

A ANGERS, 9, rue Belle-Poignée, chez le Directeur du Cercle Catholique d'ouvriers

Et à PARIS, 32, rue de Verneuil,

au Secrétariat général de l'Union des Œuvres ouvrières.

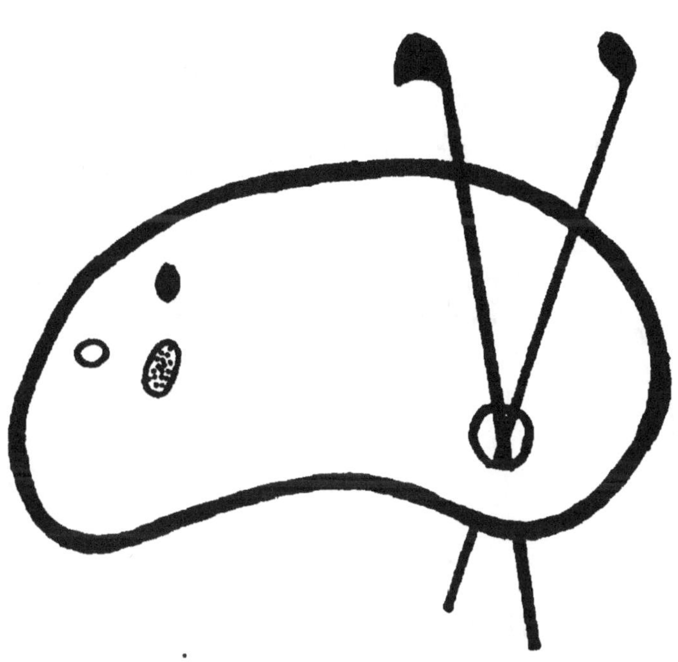

FIN D'UNE SERIE DE DOCUMENTS
EN COULEUR

LA SOCIÉTÉ PROTECTRICE

DU

TRAVAIL CHRÉTIEN

AU CONGRÈS DE BORDEAUX

DE L'UNION DES ŒUVRES OUVRIÈRES

PAR

LE P. LUDOVIC

Capucin.

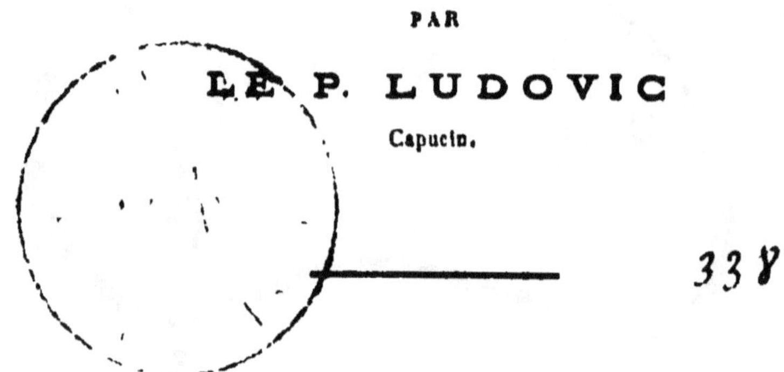

33 8

I. Des services que peuvent rendre les listes des travailleurs chrétiens.

II. Conférences de Saint-Joseph pour la confection et la distribution de ces listes.

ON PEUT SE PROCURER CETTE BROCHURE AU PRIX DE 25 CENT.

A ANGERS, 9, rue Belle-Poignée, chez le Directeur du Cercle Catholique d'ouvriers

Et à PARIS, 32, rue de Verneuil,

au Secrétariat général de l'Union des Œuvres ouvrières.

APPROBATIONS

NOS FR. ÆGIDIUS A CORTONA

TOTIUS ORD. FF. MM. S. FRANCISCI CAPUCCINORUM MINISTER GENERALIS (L. I.)

Cum opusculum habens titulum « *La Société protectrice du travail chrétien,* » ab A. R. P. Ludovico a Besse, ex-Definitore Provinciæ Parisiensis Ordinis Capuccinorum, a duobus Patribus, quibus id commisimus, revisum et approbatum fuerit; ideo præsentium tenore facultatem facimus, servatis de cætero servandis, illud typis demandandi.

Andegavi, ex nostro Cœnobio in S. Visitatione die 23 septembris 1876.

L. S.

F. ÆGIDIUS, *Min. Genlis qui supra.*

LETTRE DE Mᵍʳ FREPPEL,

ÉVÊQUE D'ANGERS.

Évêché d'Angers, le 20 octobre 1876.

Mon Cher Père,

Je ne puis qu'approuver la *Société protectrice du travail chrétien,* due à votre courageuse initiative. Il est temps de montrer aux ouvriers catholiques que notre sympathie leur est acquise d'une manière effective et réelle. Ce serait d'ailleurs jouer un rôle de dupes, et ne tenir aucun compte des intérêts les plus sacrés, que de placer sur le même rang ceux qui pratiquent notre foi et ceux qui la combattent. Nous devons la charité à tous, mais non pas indistinctement et sans suivre l'ordre indiqué par la nature même des choses. Il y a une gradation dans nos devoirs, comme il y a des degrés dans le mérite. Vos listes des travailleurs chrétiens ne sont pas autre chose que la mise en pratique de ce précepte inéluctable de l'Apôtre : « Faisons du bien à tous, mais *surtout* aux serviteurs de la foi : *Operemur bonum ad omnes, maxime autem ad domesticos fidei,* » (Ep. aux Gal., vi, 10.) Ce n'est point là une exclusion, mais une préférence ; et cette préférence, qui pourrait la blâmer avec la moindre apparence de raison ? Chrétiens, nous avons le droit et le devoir de favoriser autant qu'il est en nous les intérêts des chrétiens. C'est sur cette base inébranlable que s'appuie votre œuvre. Dieu veuille la bénir et en faire comprendre toute l'importance aux familles chrétiennes dont le concours vous est nécessaire pour en assurer le succès !

Agréez, Mon Révérend Père, l'expression de mon affectueux dévouement,

† Ch.-Émile, Évêque d'Angers.

LETTRE DE Mⁿ DE SÉGUR,

CHANOINE-ÉVÊQUE DE Sᵗ-DENIS, PRÉSIDENT DU BUREAU CENTRAL DE L'UNION DES ŒUVRES OUVRIÈRES CATHOLIQUES.

† Paris, le 5 octobre 1870.

Mon Révérend Père,

Notre Congrès de Bordeaux et les bonnes impressions qu'il nous a laissés à tous, me font un devoir d'être l'un des premiers à vous remercier de vos chères petites brochures et de leur souhaiter l'immense succès qu'elles méritent. L'œuvre ouvrière par excellence, l'œuvre qui pourra plus efficacement, plus directement et plus promptement que toute autre, assurer la persévérance chrétienne de nos apprentis, de nos ouvriers et même de nos patrons, c'est, à mon sens du moins, la *Société protectrice du travail chrétien*. Aussi, malgré ses difficultés de plus d'une sorte, vais-je m'efforcer de l'appuyer de tout mon pouvoir et de la propager de tous côtés.

Quoi de plus simple que de faire appel à tous les véritables amis des pauvres petits apprentis, des ouvriers et des patrons chrétiens, pour les mettre en rapport les uns avec les autres, pour assurer la foi et les mœurs de l'apprenti, du travailleur en lui procurant un patron chrétien et par conséquent un atelier chrétien ? Et quoi de meilleur que d'encourager les patrons, les fabricants, les maîtres chrétiens, en leur procurant des ouvriers et des apprentis dignes d'eux ? Si je ne me trompe, c'est là toute votre pensée, toute votre œuvre.

Comme vous le faites si bien remarquer, il n'y a rien là d'agressif contre personne. Ce sont les bons qui s'unissent ensemble pour s'aider à rester bons, laissant de côté les mauvais. Qui pourrait trouver à y redire, si ce n'est les ennemis détestables et incurables de Dieu et des enfants de Dieu ?

Soyez donc béni, mon cher Père, de votre charité si intelligente et si courageuse ! On vous a menacé déjà : c'est bon signe.

En l'amour de Notre-Seigneur Jésus-Christ et de ses chers pauvres, je suis votre serviteur tout affectionné.

† L. G. DE SÉGUR,

Président du Bureau Central de l'Union.

LA SOCIÉTÉ PROTECTRICE

DU

TRAVAIL CHRÉTIEN

AU CONGRÈS DE BORDEAUX

DE L'UNION DES ŒUVRES OUVRIÈRES

AVANT-PROPOS

———

Le règlement du Congrès de Bordeaux n'accordait que 15 minutes à la lecture des monographies et c'est une monographie que je devais lire à la septième Commission. L'idée d'une *Société protectrice du travail chrétien* se produisant pour la première fois en public aurait eu besoin de développements considérables que rendaient impossibles ces 15 minutes. Il fallait donc faire un choix et ne montrer qu'un côté de la question. C'est ce que j'ai fait. Écartant la thèse qui aurait mis en lumière les principes théologiques sur lesquels repose cette Société, glissant rapidement sur son organisation et son fonctionnement, j'ai préféré me mettre sur un terrain pratique plus convenable dans un congrès d'œuvres ouvrières et j'ai fait voir rapidement la portée de cette œuvre. Si on veut caractériser mon travail, voici le nom qu'il convient de lui donner : *Des services que peuvent rendre les listes des travailleurs chrétiens.* C'est sous ce titre que je le réédite aujourd'hui.

La nécessité d'être court, après m'avoir forcé à tronquer la question m'a fait prendre, en outre, une forme souverainement désagréable, la forme personnelle. Je n'ai parlé qu'en mon nom comme si je faisais tout, quand je ne fais rien par moi-même, car dans cette Société tout est fait par des laïques dont la foi docile veut bien accepter les inspirations que je leur donne après les avoir reçues de Dieu et de son Église.

Si cette forme achevait de m'enlever en clarté ce qu'elle me donnait en brièveté elle devait en revanche produire un excellent résultat sur lequel je suis bien aise d'appeler un moment l'attention du lecteur.

Il était facile de prévoir qu'une ligue favorisant les intérêts des catholiques allait exciter les colères des impies. La prudence conseillait donc de restreindre autant que possible l'objet et la durée de ces colères. C'est à quoi la forme personnelle devait merveilleusement réussir. En me présentant franchement à l'ennemi, en disant bien haut devant lui le *Memet adsum qui feci*, je devais concentrer sur moi seul sa fureur et la condamner à tomber promptement pour faire place au dédain. Les nombreux congressistes qui assistaient aux débats de la septième Commission ont pu apprécier la valeur de cette tactique, s'ils ont conservé le souvenir de mes paroles. Je leur disais : « Un professeur de la faculté catholique de droit d'Angers m'a prédit que si je réussissais, on me couperait le cou. C'est pourquoi je revendique hautement la paternité de mon œuvre; car si jamais quelqu'un devait exécuter pareil dessein, je ne voudrais pas qu'il pût se tromper d'adresse. »

Eh bien ! on ne s'est pas trompé d'adresse. Dès que l'*Univers* a eu publié mon travail, la mauvaise presse m'a exécuté en règle. Mais quoi ! était-ce la peine de jeter les hauts cris ?... La voix d'un pauvre moine devait-elle exciter tant de rage ?... Partisans déclarés de la guerre à outrance, vous n'avez pu organiser la défense nationale quand vous aviez tout sous la main, et votre génie, après avoir expérimenté l'impuissance, craindrait qu'un capucin inconnu réussît à organiser la défense contre la Société moderne tout entière!... Allons donc ! vous êtes les jouets d'une peur folle.

Ils l'ont promptement compris. Les journaux qui se piquent de sagesse ont cru parler le langage d'une haute raison en faisant observer que de telles entreprises sont le fait d'une petite minorité aussi méprisable que celle des ultra-radicaux. Cela dit, il n'y avait plus qu'à se taire pour ensevelir dans l'oubli le spectre d'une *Société protectrice du travail chretien*.

En effet, un profond silence signe d'une parfaite sécurité a succédé au bruit qui s'était fait dans le camp des impies. Mais les Catholiques ne dorment pas. Quand la charité les anime, ils peuvent, comme l'Épouse des Cantiques, dire avec vérité : « Notre cœur veille toujours. » Ils gardent précieusement toute parole de vie sortie d'un cœur chrétien dès qu'ils l'ont entendue une fois. Je m'adresse donc à eux avec confiance. Je leur offre, avec la monographie sanctionnée par le Congrès de Bordeaux, un nouveau travail qui la complète. Sous le titre de *Conférences de Saint-Joseph*, j'expose aussi clairement que possible la nature et l'organisation d'une *Société protectrice du travail chrétien*.

Libre de prendre mon temps et désireux d'être compris, j'ai changé dans la monographie la forme personnelle que j'y avais mise. Ce changement, qui laisse intact le fond du travail, ne sera pas inutile pour faire mieux ressortir le caractère propre de cette Société. On verra que, fondée par un religieux, elle est cependant tout à fait laïque dans son personnel et dans ses opérations. Elle imite parfaitement la Société de Saint-Vincent-de-Paul inspirée par Dieu à des jeunes gens du monde pour les attacher à la foi par l'exercice de la charité.

Le champ de la charité est immense. On est loin de l'avoir entièrement parcouru quand on a répandu d'abondantes aumônes dans le sein des pauvres. Voici donc ouvert aux laïques pieux une nouvelle partie de ce terrain. Le Congrès de Bordeaux demande à leur zèle de l'explorer résolument pour la gloire de Dieu et pour le salut du peuple. Nous savons que déjà cet appel a été entendu par des cœurs généreux. Puisse leur nombre s'augmenter chaque jour, afin que les forces réunies de tous les catholiques obtiennent de Dieu le triomphe de son nom et de sa croix !

Angers, 21 septembre 1876, fête de Saint-Mathieu.

Fr. Ludovic,

Frère mineur capucin.

PREMIÈRE PARTIE

Des services que peuvent rendre les listes des travailleurs chrétiens.

Cette monographie a été discutée et votée dans la septième commission du Congrès le 24 et le 25 août 1876. Elle a été lue ensuite dans la dernière assemblée générale, le 25 août à 2 heures, et le Congrès a sanctionné le vote de la commission. L'assemblée générale était présidée par Mgr de la Bouillerie, archevêque de Perga, coadjuteur de Bordeaux, et par Mgr de Ségur, chanoine-évêque de Saint-Denis, Président général de l'*Union des œuvres ouvrières*.

MESSEIGNEURS, MESSIEURS,

Le programme du Congrès vous annonce une monographie de mes œuvres établies à l'usage des ateliers. Ce titre exprime imparfaitement ce que j'ai fait et ce que je dois vous dire. Vous trouverez mieux ma pensée dans l'appel aux classes dirigeantes et dans l'appel aux patrons et aux ouvriers publiés le 29 juillet par le *Bulletin de l'Union.*

Je n'ai pas ici à reproduire ces appels. Si vous les avez lus avec attention, vous aurez reconnu qu'ils exposent bien moins une œuvre qu'une idée. Ils offrent un outil aux catholiques, outil précieux qui peut rendre mille services. C'est la liste imprimée des travailleurs chrétiens.

Des personnes zélées ont formé en quelques mois et distribué à Angers une longue liste de marchandes et ouvrières de cette ville. Elles la complètent chaque jour. D'autres vont se mettre à l'œuvre pour faire aussi la liste des ouvriers et des patrons chrétiens. Permettez-moi de vous indiquer rapidement les divers partis qu'on peut tirer de ces listes.

I. L'argent au service de Dieu.

En premier lieu, notre œuvre s'en sert pour amener les catholiques à dépenser leur argent au profit de leur foi, afin d'affaiblir les impies et de fortifier l'union des chrétiens. C'est à mes yeux la question capitale. Le mal n'acquiert de la force que par la coopération qu'il rencontre directement ou indirectement. Un très-méchant homme passera inoffensif, s'il n'est pas aidé dans sa méchanceté. Savez-vous pourquoi nos ennemis triomphent? Ils ne sont ni plus nombreux, ni plus riches, ni plus puissants que nous. Mais ils rencontrent des aides innombrables et c'est nous qui les aidons. Voilà le secret de leur force. Certes, aucun catholique ne voudra les aider directement. Ce serait un crime voisin de la folie.

Mais que de fois nous les aidons d'une manière indirecte, sans le savoir ou sans y réfléchir ! Et alors, si la bonne foi nous excuse, elle n'empêche pas les conséquences désastreuses de notre complicité.

C'est dans les affaires qu'on rencontre chaque jour ce genre de coopération au mal. Les catholiques ont fait la fortune de quantité de gens qui travaillent aujourd'hui à la destruction du catholicisme. En effet, il est d'usage maintenant qu'on achète, qu'on fasse travailler, sans s'inquiéter du sort réservé à l'argent qu'on débourse. Ce patron est un impie, membre des sociétés secrètes... Ce marchand est actionnaire des mauvais journaux ; il soutient la ligue de l'enseignement, les élections révolutionnaires..... que sais-je? L'argent qu'on fait gagner à l'un et à l'autre va donc profiter à l'irréligion. Cela est incontestable. Mais qui s'en occupe? Et le moyen de faire autrement? L'homme le plus décidé à ne favoriser que les catholiques est souvent réduit à l'impuissance de le faire. C'est le cas, par exemple, de tous les voyageurs.

Il y a douze ans, on m'envoyait dans une ville d'eaux d'Allemagne. Là, je pris le médecin à qui m'avait adressé mon docteur de Paris. Je finis par savoir que ce médecin était un Juif, et un Juif fanatique. Mais je l'appris trop tard, à la fin de la saison, et mon docteur de Paris, excellent chrétien, ne le sut qu'à mon retour. Combien de catholiques ont eu de semblables mésaventures! Nous sommes ici un grand nombre d'étrangers. Le *Bulletin de l'Union* nous a indiqué dix hôtels. Je le remercie de cette attention charitable. Elle fait très-bien ressortir la lacune que je signale. Car je suppose que vous vouliez emporter quelque souvenir de cette opulente cité, par exemple une pièce du vin qui la rend si célèbre, où ferez-vous vos achats ? Êtes-vous assurés que vous n'irez pas enrichir un ennemi de la cause que vous êtes venus défendre ? Cela peut fort bien vous arriver, et voilà ce qui n'arriverait à personne si des listes bien faites, placées de toutes parts chez les catholiques, leur indiquaient les maisons qui méritent leur confiance au point de vue religieux.

Les habitants des grandes villes n'ont pas moins besoin que les voyageurs de ces sortes de listes. Combien de ces habitants pourraient dire avec vérité de tous leurs concitoyens engagés dans les affaires : celui-ci est un bon chrétien, celui-là ne l'est point ? Parfois, après avoir employé des années les mêmes fournisseurs, on en est encore à connaître leur religion. Je pourrais là-dessus vous citer de curieuses anecdotes. Vous verriez jusqu'où va notre ignorance et vous seriez effrayés de constater à quel point elle nous rend dupes de nos ennemis.

Évidemment, il y a là un désordre. La charité chrétienne nous défend la haine et la vengeance. Nous devons aimer jusqu'à nos ennemis. Nous devons être prêts à les servir. Attendons cependant qu'ils aient besoin de nos services. Que les Messieurs de Saint-Vincent-de-Paul, que les Dames de charité ne refusent jamais de secourir un impie tombé dans la misère, rien de mieux. Mais quand l'impie n'est ni pauvre, ni malade ; quand il n'a nul besoin de nos aumônes, quand il est simplement question de l'aider à faire fortune, qui donc nous oblige à lui porter notre argent ? Si vous invoquez la charité, je vous montrerai les ouvriers qu'une même foi rend vos frères et qui, eux aussi, ont besoin de réussir, et je vous rappellerai le texte de saint Paul, traitant de renégats pires que les infidèles ceux qui négligent leurs frères. Puisque la charité vous occupe, la voilà. Vous la foulez aux pieds en délaissant les ouvriers chrétiens et vous jetez ainsi dans le camp de l'Église une désunion qui nous livre fatalement aux hommes de désordre.

Ne vous êtes-vous jamais demandé avec épouvante pourquoi la menace des plus grands dangers ne réussit pas toujours à nous faire faire cause commune ; pourquoi nous restons divisés quand les impies savent très-bien s'unir dans leur haine contre Dieu et contre nous ? Le mystère n'est pas si impénétrable. En voici l'explication :

L'union dans la haine est facile à ceux qui ont la même haine. L'union dans la charité le serait également si nous avions une même charité. L'avons-nous ? Aimons-nous partout et toujours les intérêts de Dieu ? Les aimons-nous quand nous les voyons unis aux intérêts des travailleurs ? La charité se manifeste par les actes et ce sont les actes qui la font vivre. Par quels actes prouvons-nous aux ouvriers l'estime et l'affection que méritent leur foi et leurs vertus ? Avec eux le seul acte possible consiste à leur donner la préférence Ainsi le veulent la charité, la justice, l'honneur de notre foi. Car ce que nous ne faisons pas, nos ennemis le font. Ils se soutiennent et se font valoir mutuellement. C'est ce qui explique le reproche énergique de saint Paul.

Quand donc les ouvriers chrétiens nous voient leur préférer chaque jour des gens sans religion, quelle humiliation pour eux! quelle blessure pour leur cœur et pour leur âme! Que doivent-ils penser de nous et que pouvons-nous attendre de leur reconnaissance? Ah! n'en doutez point, la division des chrétiens commence dans les affaires. C'est là que nous faisons maladroitement des plaies vives et profondes à des cœurs honnêtes. Ils en deviennent irrités ou découragés, et plus tard leur concours nous manque lorsqu'il le faudrait au triomphe de notre cause.

Fortifier nos ennemis, contraindre nos amis à nous abandonner, sont deux choses tellement contre nature, qu'il m'est impossible de les attribuer à la mauvaise volonté des catholiques. Ce double désordre vient évidemment de l'isolement auquel nous condamne la vie des grandes villes, isolement qui nous rend inconnus les uns aux autres. C'est pourquoi la liste des travailleurs chrétiens porterait remède au mal. Si l'étendue de ces listes donnait la liberté du choix, il deviendrait facile aux catholiques de faire travailler toujours des catholiques. Pour hâter ce résultat, les zélatrices de l'œuvre font prendre aux riches l'engagement de se servir de leurs listes. C'est ainsi qu'elles travaillent à rétablir la paix entre les chrétiens sur la question brûlante des intérêts, persuadées que la paix une fois consolidée sur ce terrain, ira promptement étendre ailleurs son empire.

II. Rétablissement des corporations.

Votre paix ne sera complète que lorsqu'on aura rétabli les corporations. On l'a observé avec justesse : ce sont les corporations qui ont sauvé la

France dans les longues et cruelles épreuves que raconte son histoire. En maintenant le peuple dans la paix, elles ont permis au gouvernement de traverser heureusement toutes les crises. Aussi vos Congrès ont-ils proclamé bien haut la nécessité de rendre la vie à ces corps robustes frappés par la Révolution. Vous y travaillez avec ardeur. Mais d'accord sur le but, vous semblez hésiter sur le chemin. La lumière n'est donc pas suffisante. Souffrez que j'apporte ma pensée en précisant la distinction qui existe entre la corporation et la confrérie :

La corporation est une association de travailleurs unis pour régler chrétiennement les intérêts de leurs personnes, de leurs métiers et de leurs clients. La justice chrétienne est donc l'âme de toute corporation. C'est la base nécessaire et suffisante pour la constituer. Nécessaire, car sans la justice chrétienne tout essai de corporation n'aboutira qu'à l'oppression du faible par le plus fort. Le nombre l'emportera toujours sur le droit dans les débats de ces assemblées et les intérêts de la minorité seront sacrifiés à ceux de la majorité. N'est-ce pas ce que nous voyons dans les chambres syndicales et dans les diverses associations que forment aujourd'hui les ouvriers en dehors du christianisme?

Donc, avant tout, la justice et par conséquent des chrétiens. Mais comme la justice chrétienne se vivifie au flambeau de la piété, la corporation se complète par la confrérie. Elles devront renaître l'une et l'autre. J'espère que bientôt nous les verrons marcher ensemble. Et cependant elles ne sont pas inséparables. Il y a, entre les deux, une distinc-

tion essentielle tenant aux deux vertus qui les caractérisent. La corporation, c'est la justice ; la confrérie, c'est la piété. C'est pourquoi, la justice devant
être commune à tous les chrétiens, tous nos travailleurs devront faire partie de la corporation. Tandis
que la piété étant le partage du petit nombre, les
confréries resteront nécessairement restreintes et
on ne devra jamais espérer d'y enrôler tous nos ouvriers.

Le rédacteur du *Bulletin de l'Union* qui a parlé de
mon œuvre est certainement d'accord avec moi sur
ces principes. Car, aux quelques lignes qu'il m'a
consacrées dans le numéro du 5 février, il a donné
pour titre : *Une branche de corporation.*

En effet, *la Société protectrice du travail chrétien*
n'est pas une œuvre de piété. Elle s'adresse à tous les
ouvriers chrétiens sans exception. Dès qu'ils observent les commandements, elle cherche à protéger
leurs intérêts. Quelques-uns de ces intérêts exigent
absolument un examen sérieux, des explications
amicales entre les intéressés. Car il existe bien des
malentendus. J'ai recueilli de divers côtés des
plaintes nombreuses qui ne sont qu'à moitié justes.
Une délibération entre chrétiens terminerait tout à
la satisfaction générale.

Si ces plaintes restent aujourd'hui sans réponse,
laissant les esprits troublés, les cœurs pleins d'amertume, c'est qu'il n'existe pas d'association chrétienne
pour les examiner et les résoudre. Et comment en
existerait-il, puisque les ouvriers chrétiens ne se
connaissent pas ? Il faut donc commencer par faire
leur dénombrement. Voilà le premier travail entrepris par notre Société. Elle fait des listes et elle

ouvre ainsi une voie facile au retour de la corporation.

Dès qu'un certain nombre de travailleurs, qui ne se connaissaient pas ou se connaissaient mal auparavant, verront sur ces listes qu'ils ont le même métier et la même foi, sera-t-il difficile de les décider à s'unir pour régler ensemble selon Dieu leurs intérêts, ceux des apprentis, des ouvriers, des patrons et des clients? S'ils le font, la corporation est rétablie. Chaque métier qui entrera dans cette voie nous rendra une branche de cet arbre antique. L'arbre tout entier reparaîtra dans sa majesté, lorsque tous les corps d'état, après avoir réglé chrétiennement leurs intérêts respectifs, s'entendront ensemble pour régler aussi à la lumière de la foi leurs intérêts réciproques et enfin ceux qui leur sont communs avec la société.

III. Réforme des ateliers.

Il est temps que je parle des ateliers, puisque le programme du Congrès présente mon œuvre comme fondée pour leur usage. En effet, lorsque j'ai formé la *Société protectrice du travail chrétien,* c'est à la réforme des ateliers que j'ai pensé, surtout des petits dont le nombre est incalculable. En voici la preuve.

Deux choses sont nécessaires pour un bon atelier : faire un choix judicieux des éléments qui le composent et soutenir les efforts de la personne qui le dirige.

Beaucoup d'ateliers sont détestables parce qu'ils sont mal assortis. Ici des ouvriers religieux tombent dans un milieu corrompu sous des maîtres indifférents et même impies. Là des maîtres excellents sont forcés de prendre les plus tristes sujets. Des deux côtés le bien est impossible. Il n'y en a pas les éléments.

Mais pourquoi ce mélange affreux des bons et des mauvais est-il si général? N'est-ce pas encore un effet de notre isolement? Les travailleurs ne se connaissant pas, le hasard seul les assemble. Sauf de rares exceptions, les affiches et les agences de placement font toute la besogne. Or vous savez si les agences et les affiches s'occupent de la question religieuse.

Eh bien! formez l'annuaire chrétien du travail. Répandez-le partout. Bientôt toute difficulté disparaitra. L'ouvrier, l'ouvrière qui ont besoin d'une place, les parents qui en cherchent pour un enfant, ceux à qui on demande un conseil, tout le monde enfin n'aura qu'à ouvrir cet annuaire. Là, dix, vingt, quelquefois cent adresses permettront de trouver tout de suite ce qu'il faut. Ainsi se formeront aisément les bons ateliers, car il est dans la nature humaine que ceux qui se ressemblent s'assemblent. Aussi dès que les travailleurs chrétiens se connaîtront, nous les verrons s'unir spontanément.

L'atelier, une fois bien composé, reste à le conserver bon et à le rendre meilleur. C'est l'œuvre de la personne qui le dirige. La tâche est difficile même avec des éléments choisis. Elle demande du courage et, généralement, nous en avons fort peu, surtout lorsque nous sommes isolés. Une maîtresse d'atelier, un patron qui se voient seuls en face d'un petit monde désireux de n'être pas contrarié, n'oseront pas toujours corriger les abus. L'amour de la paix leur fera souvent fermer les yeux, et c'est ainsi que

peu à peu les ateliers glisseront sur la pente du mal.
Il faut donc venir en aide aux patrons et aux maîtresses. Il faut stimuler leur zèle, fortifier leur auto-
rité. Notre œuvre l'a tenté, en organisant tout un
système de récompenses qui peuvent être transfor-
mées en correction. Elle doit encore ce service à ses
listes.

Le Conseil exige une cotisation de toutes les personnes qui entrent dans la Société. Dans l'œuvre des
femmes, la seule qui ait pu se constituer dans l'es-
pace de quelques mois [1], la cotisation est de 60 cen-
times par an pour l'ouvrière, de 3 francs pour la
maîtresse, de 6 francs pour les dames qui acceptent
nos listes.

Ces cotisations ont permis au conseil de porter à
90 fr. les secours accordés à chaque ouvrière malade.
Le jour du Patronage de saint Joseph, il a distribué
ensuite 23 sommes de 50 et de 100 francs à des jeunes
filles signalées par leurs compagnes comme dignes
d'être récompensées. Cet argent est placé à leur profit
jusqu'à l'époque de leur établissement. Enfin, l'œuvre
a donné onze médailles aux ateliers les mieux tenus.
Ce sont des statues de saint Joseph pour être placées
dans le lieu du travail.

Tout cela est évidemment au profit moral des ateliers. Car, d'après le règlement, une ouvrière n'est
pas reçue dans la Société sans sa maîtresse. Si,
quittant son atelier, elle n'entre pas dans un autre
qui soit agrégé, elle cesse de faire partie de la
Société. Elle perd alors le droit aux secours mutuels

______

[1] L'œuvre a été fondée le 17 octobre 1875 avec dix dames et
cinq ouvrières. Elle compte aujourd'hui plus de cinq cents personnes.

et aux récompenses. L'argent de ses médailles est versé à la caisse de secours. Elle a donc intérêt à rester dans son atelier et à devenir meilleure. C'est un appui pour les maîtresses. Fort peu sont en mesure d'offrir des secours abondants aux ouvrières malades, de récompenser les plus sages par de larges gratifications. Aucune n'a le moyen de retirer ces secours et ces récompenses aux ouvrières inconstantes qui méritent d'ère corrigées.

Ainsi en entrant dans notre Société, les maîtresses n'ont pas seulement l'avantage d'être recommandées à la confiance des catholiques, ce qui peut leur attirer un travail plus abondant, mais la Société leur permet encore d'avantager considérablement leurs ouvrières, si l'atelier est bien tenu et si les ouvrières le méritent.

Vous le voyez, Messieurs, il s'agit d'exciter au bien par l'appât de l'honneur et de l'intérêt. Quelques natures élevées goûteront peu ce système. Elles préféreraient que la vertu ne fût aimée qu'à cause de sa beauté et non à cause des fruits qu'elle porte. Je les prie de considérer que la masse est incapable d'atteindre à cette hauteur de perfection. Si les saints ont dû quelquefois réveiller leur zèle par l'espérance du ciel et par la crainte de l'enfer, comment les âmes faibles n'auraient-elles pas besoin d'être encouragées par des récompenses et retenues par des corrections? Cela est surtout vrai de la jeunesse. Sans ce double secours on ne fera jamais d'éducation sérieuse. C'est pourquoi nous n'avons pas hésité à user de ce moyen pour l'amélioration des ateliers.

IV. Autres profits.

J'ajoute une dernière considération : Mᵉʳ de Bourges m'a fait l'honneur de m'écrire : « Il serait « à désirer que vos *Appels* fussent répandus partout. « Que de maux de toute sorte seraient évités, si on « entrait résolument dans les voies que vous indi- « quez ! »

J'oserais dire en gardant la même tournure de phrase : « Que de biens de toute nature seraient obtenus, si ces idées étaient mises en pratique ! » Sans parler des biens spéciaux que je viens d'énumérer, il me paraît évident que la plupart de nos œuvres recevraient de celle-ci un accroissement considérable. D'abord, toutes les œuvres ont besoin d'argent et ce ne sont pas toujours les riches qui le fournissent. Ainsi la Propagation de la foi, le Denier de Saint-Pierre et bien d'autres tirent leurs principales ressources de la classe ouvrière. Ce sont des travailleurs qui se privent pour donner leur obole. Mais si les catholiques s'accordaient à faire prospérer les ouvriers chrétiens, est-ce que ceux-ci ne doubleraient pas leur obole ? C'est donc la caisse des œuvres qui s'en trouverait bien.

En second lieu, les œuvres y gagneraient aussi en personnel. La propagande qui leur est nécessaire languit faute de savoir à qui s'adresser. Quand on la fait de loin par des prospectus, elle est encore plus difficile. Ces prospectus s'entassent sur la table de quelques ecclésiastiques d'où ils ne peuvent aller fort loin. Un annuaire des ouvriers chrétiens permettrait d'aller directement les enrôler dans les œuvres dont ils sont capables. J'en ai déjà fait l'expérience.

Et maintenant, Messieurs, pour terminer par un argument qui vous intéresse, je vous demanderai : Comment êtes-vous ici ? Qui a développé si merveilleusement cette union d'où sortent chaque **année** vos congrès ? Vous répondez avec moi : **Le Bureau central aidé de son** *Bulletin*... Qu'est-ce que le *Bulletin ?*... Une liste partielle des œuvres ouvrières de France formant peu à peu l'annuaire de ces œuvres. Tel est l'organe vital de notre union. Otez cet organe èt l'union languira. Voulez-vous donc qu'une union vivante et agissante se forme entre tous les chrétiens ? Faites le dénombrement de nos ouvriers comme vous avez fait celui des œuvres ouvrières. Vous verrez aussitôt les catholiques se donner la main. Les cœurs se rapprocheront. La vie chrétienne circulera mieux dans nos veines. Nous sentirons grandir notre courage. Nous lutterons contre le mal avec une nouvelle énergie et nos efforts bénis par Dieu seront couronnés par la victoire.

Vœu accepté par le Congrès.

Le Congrès de Bordeaux exprime le vœu que la protection du travail chrétien soit exercée d'une manière complète par les Sociétés catholiques et particulièrement par l'Œuvre des cercles dans le sens indiqué par la monographie du R. P. Ludovic.

DEUXIÈME PARTIE

Conférences de Saint-Joseph pour la confection et la distribution de la liste des travailleurs.

CHAPITRE Ier.

OBJET DES CONFÉRENCES DE SAINT-JOSEPH.

L'objet précis de ces Conférences est de faire chez les travailleurs la recherche du bien et non l'inquisition du mal. Les Conférenciers de Saint-Joseph ne s'occupent en aucune manière des impies, ni des chrétiens indifférents. Ils ne mettent aucun d'eux à l'index. Ils ne médisent de personne. S'ils font des listes, ce ne sont pas celles des mauvais chrétiens, mais uniquement celles des chrétiens pratiquants.

Qu'on observe bien la différence des temps et des procédés. A une époque où la foi était universelle, produisant partout les vertus qu'elle inspire, l'inquisition du mal avait sa raison d'être. Elle était une nécessité de conservation morale. Il fallait avoir l'œil ouvert pour surprendre, dès le début, tout principe corrupteur et l'arracher sans retard afin de garder la masse dans la foi. Mais aujourd'hui ce n'est pas le bien, c'est le mal qui est devenu universel. On n'a pas la peine de chercher le vice et l'incrédulité, puisqu'on les rencontre à chaque pas. De même il serait chimérique de vouloir les faire disparaître par la force, car aucune force ne pourrait égaler leur étendue. Donc, qu'on le remarque et qu'on s'en souvienne. il ne s'agit ni d'ouvrir des prisons, ni de rallumer des bûchers. Que les méchants gardent la liberté qu'ils ont conquise. Nous ne voulons qu'une chose, c'est de n'être pas toujours leurs dupes et leurs victimes.

Les bons chrétiens étant aussi rares aujourd'hui que l'étaient autrefois les impies, nous demandons qu'on se mette à leur recherche pour les arracher à un isolement qui les perd. Nous le demandons spécialement pour la classe ouvrière. Les riches ont la liberté de choisir leurs relations. S'ils en ont de mauvaises, c'est qu'ils le veulent bien. Aussi sont-ils inexcusables et Dieu les châtiera cruellement d'avoir ainsi exposé leur âme et scandalisé leurs frères. Mais les ouvriers n'ont pas la même liberté de choix. Le travail les enchaîne trop souvent, comme le boulet du galérien, à des voisinages démoralisateurs. Ils subissent une lutte de tous les instants dans laquelle périssent sans cesse leur foi et leur vertu. Ne devons-nous pas les défendre ? Invoquera-t-on une doctrine de non-intervention pour méconnaître ce devoir sacré? Si on le faisait, ce serait le signe manifeste d'un catholicisme véreux flétri mille fois par les condamnations de l'Église. Aussi les laïques généreux qui ont pris la tête du grand mouvement, pour le salut de la classe ouvrière, que nous admirons partout aujourd'hui, ces laïques ont signé dans les bases de leur œuvre l'acceptation du *Syllabus*. Ils interviennent hardiment pour organiser la défense de leurs frères. Ils suivent fidèlement la méthode que j'indique. Ils vont à la recherche des bons. Ils proclament que les Cercles catholiques d'ouvriers ne sont pas une œuvre de conversion mais de conservation, et c'est par la réunion autour d'une chapelle qu'ils travaillent à fortifier dans la foi les ouvriers chrétiens et pratiquants.

Eh bien! il s'agit de faire en dehors des cercles, ce qu'on y fait si bien au dedans. Tous les travailleurs chrétiens ne viennent pas au cercle. Le plus grand nombre ne le peut pas ou ne le veut pas. Comment atteindre ces derniers, d'une manière honorable pour eux et qui les encourage à persévérer dans la foi? Il y a une porte ouverte, celle de leur travail qui les met en rapport avec le public. Entrons par cette porte et disons-leur : « Vous êtes chrétiens et nous aussi. Désormais nous voulons vous honorer comme des frères et si vous continuez à servir Dieu nous nous ferons un devoir de vous favoriser de nos commandes. »

Les impies trouveront cela mauvais. Qu'y faire? Quand on secourt un pauvre, il y en a cent et mille qui se plaignent d'être oubliés. Si vous invitez un ami, certains de vos amis privés de cette faveur en auront du ressentiment. Faut-il cesser de faire l'aumône et de pratiquer l'amitié ? Je suppose qu'un travailleur vienne se plaindre de ce qu'on lui préfère les chrétiens pratiquants, sera-t-il difficile de lui faire une réponse péremptoire ? « Eh quoi ! lui dirai-je, vous me reprochez d'aimer et de favoriser mes frères. Vous devriez plutôt vous en réjouir et m'en féliciter, car c'est ainsi que je vous traiterai vous-même du jour où vous vous montrerez le vrai enfant du Père que nous avons dans les cieux. Parce que je suis bon pour les autres, pourquoi me regardez-vous d'un œil mauvais ? *An oculus tuus nequam est, quia ego bonus sum?* (Saint Mathieu, ch. XX, ℣. 15.) Ah ! je comprendrais votre plainte si j'étais injuste pour vous. Mais je ne vous veux point de mal et surtout je ne vous en fais aucun. La vérité est que je ne vous connais point. Je ne veux pas même vous connaître afin d'être dans l'impossibilité de vous critiquer. Je ne connais que les chrétiens et vous ne l'êtes pas. Mais je ne vous conteste aucune de vos qualités. J'admettrai même volontiers que vous avez certains avantages, par exemple, que vous travaillez mieux, que vous vendez moins cher, etc. Que voulez-vous ? Tout cela me touche peu. Je mets les choses à leur place et je cherche le règne de Dieu avant ces profits misérables. »

Je demande ici à M. le chanoine Larrouy de la cathédrale de Bayonne, délégué par son évêque au Congrès de Bordeaux, la permission de citer son exemple. « Je renonce sans hésiter, me disait-il, au « petit avantage que je pourrais avoir en faisant « venir de loin ce qui m'est nécessaire. Je ne veux « pas priver mes paroissiens de leur bénéfice. C'est « pourquoi je ne consens pas même à examiner les

« articles des marchands ambulants ni des commis-
« voyageurs. Je leur dis de prime-abord que je regar-
« derais comme perdu le temps que je passerais à
« parler d'affaires avec eux, vu ma ferme résolution
« de favoriser les travailleurs de Bayonne. »

Peut-on critiquer cette conduite et ce langage?
Ceux de nos adversaires qui ont de la droiture ne
l'oseront jamais. Quelques-uns trouveront cela
digne d'admiration. Quant aux impies, aux gens
intéressés que la passion transporte, faut-il faire
cas de leur colère? Devons-nous pousser la faiblesse jusqu'à les traiter en amis dans l'espérance
de les désarmer? Ainsi le veut le pur libéralisme.
Mais quand pour nous arracher des concessions, il
nous promet la paix universelle, il nous trompe
indignement. Il y a une division qui subsistera toujours sur la terre puisqu'il y en a une qui doit subsister éternellement entre le ciel et l'enfer. Il est
évident qu'il n'y aurait plus de division après la mort
si on parvenait à faire cesser toute division pendant
la vie. Nous pouvons espérer d'attirer tel et tel indi-
vidu du camp adversaire dans le nôtre ; mais pré-
tendre détruire les deux camps et unir tous les
hommes dans un amour fraternel semblable à celui
des bienheureux, ce n'est pas seulement une folie,
c'est une hérésie monstrueuse qui conduit directement à nier la liberté morale, à supprimer toute
distinction entre la vérité et l'erreur, entre le bien
et le mal, entre Dieu et le démon.

Laissons là ces rêves insensés. Si la charité, le
besoin de l'union et de la paix font battre nos cœurs,
occupons-nous de faire cesser, non pas une division
qui est inévitable, mais celles qui peuvent dispa-

raître. Je veux parler des divisions qui existent entre les bons chrétiens. Séparés les uns des autres, nous ne nous connaissons pas, ou, ce qui est pire, nous nous connaissons sous les couleurs noires et trompeuses avec lesquelles nous ont dépeints les médisants. Apprenons désormais à nous connaître dans la foi, à nous respecter et à nous aimer.

Telle sera l'œuvre de nos Conférences. Elle s'accomplira par la formation et par la distribution de la liste des travailleurs chrétiens. Saint Paul veut que nous nous prévenions mutuellement par nos hommages, *honore invicem prævenientes* (Ép. aux Rom., ch. xii, ỿ 10). N'est-ce pas cette prévenance qu'exerceront les Conférenciers de Saint-Joseph, lorsqu'ils iront proposer à un travailleur de le mettre sur leur liste? Le fait d'inscrire ainsi quelqu'un est un acte public d'estime et de respect pour lui. Si les catholiques se servent ensuite de ces listes dans leurs dépenses, le respect sera suivi d'un acte réel d'affection. Eh bien! je le demande aux esprits impartiaux, est-il possible que la masse des travailleurs reste insensible à ces procédés? Il y aura des exceptions. Mais n'y en a-t-il pas toujours et en toutes choses? Devons-nous renoncer au sens commun parce que nous rencontrons des esprits de travers? Faut-il cesser d'avoir un bon cœur parce qu'on n'a pas réussi à réformer un cœur mal fait? On laisse les exceptions et on suit son chemin. Le droit chemin, le voici : Respectez et on vous respectera, aimez et on vous aimera, servez les intérêts du prochain et il servira les vôtres.

CHAPITRE II.

DANS QUELS LIEUX FAUT-IL ÉTABLIR LES CONFÉRENCES DE SAINT-JOSEPH.

La nécessité d'établir ces Conférences est en raison inverse du nombre des bons chrétiens. Cela semble un paradoxe et pourtant, si on veut y réfléchir, on reconnaîtra promptement la justesse de ce principe.

Supposons une ville où tous les travailleurs sont des chrétiens pratiquants — hélas! où est-elle aujourd'hui? — Là, une Conférence de Saint-Joseph n'aurait plus de raison d'être. Son objet est la recherche du bien. Or, dans cette ville, le bien est tout trouvé puisque nous le supposons universel. En outre, les Conférences font la recherche du bien pour organiser un système d'encouragement et de récompense en faveur de ceux qui le pratiquent et ce système consiste à diriger les acheteurs vers les chrétiens pratiquants. Mais ici tous les travailleurs étant dans cette condition, une pareille direction devient inutile. La liberté reprend entièrement son droit. Nous respectons ailleurs cette liberté dès que sur les listes de l'œuvre se trouvent plusieurs travailleurs du même état. Il est évident que nous devons continuer à la respecter dans une ville où toute la classe ouvrière est restée chrétienne. Dans ce cas, il n'y a plus à faire de liste. Pour en faire, il faudrait établir une distinction non plus entre le chrétien pratiquant et celui qui ne l'est pas, mais entre les chrétiens parfaits et imparfaits. Or, une pareille distinction ne rendrait pas une Conférence possible parce qu'elle lui enlèverait le droit de donner ses récompenses.

Je supplie le lecteur de me prêter ici la plus **grande attention**, car voici le nœud de toutes les difficultés que présente la *Société protectrice du travail chrétien.* Dès qu'on aura saisi la distinction que je vais faire, l'œuvre paraîtra dans toute sa simplicité et on verra clairement pourquoi et comment on doit l'établir.

Les règles pour exciter à la pratique des commandements diffèrent de celles qu'il faut suivre pour diriger les âmes vers la perfection. Dans le premier cas, on peut et on doit proposer l'intérêt, même matériel, comme fruit de la vertu. Dans le second, au contraire, la considération des intérêts doit disparaître, sinon toujours, du moins d'une manière habituelle.

Tout ceci est tiré de l'Évangile. Quand Notre-Seigneur se trouve en présence d'un jeune homme pur, innocent, qui, après avoir pratiqué la loi de Dieu depuis son enfance, lui dit : « Maître, que me « manque-t-il encore ? » — Jésus répond : « Si vous « voulez être parfait, allez vendre tous vos biens, « distribuez-les aux pauvres et suivez-moi. » — Mais se trouve-t-il en présence de la foule, Jésus ne tient plus le même langage. Il ne sépare plus l'intérêt de la vertu. Il se contente de les mettre à leur place, la vertu au premier rang et l'intérêt au dernier. Il dit : « Cherchez d'abord le règne de Dieu et « sa justice, » — et il ajoute — « le reste vous sera donné par surcroît, » — paroles qui contiennent une véritable promesse. Jésus la fait hardiment pour délivrer la foule des soucis qui la troublent et lui font oublier ses devoirs religieux. Cette intention est rendue manifeste par les comparaisons des oiseaux du ciel que Dieu nourrit, du lys des champs qu'il revêt de couleurs magnifiques. Ainsi pour ouvrir les cœurs à la confiance, pour décider la foule à observer les commandements, Jésus promet de récompenser les observateurs de la loi, par le soin qu'il prendra des nécessités de leur vie matérielle. Au contraire, s'adresse-t-il aux âmes désireuses de la perfection, il leur montre la croix à porter chaque jour, c'est-à-dire les privations de la pauvreté la plus extrême, les humiliations les plus cuisantes, les sacrifices du cœur et de la volonté, les souffrances de toute nature et jusqu'à la mort honteuse et violente. Telle est la perspective des parfaits. Voilà l'objet de leurs désirs, la récompense de leurs mérites. Ils doivent s'élever résolument à cette hauteur et s'estimer heureux quand ils sont accablés pour Dieu de malédictions, de calomnies et de persécutions.

Peut-on accentuer davantage la différence qui existe entre la manière de rendre les gens vertueux et celle de les rendre parfaits? Ainsi, dès que nous restons en face d'âmes faibles qui ne pensent qu'à éviter l'enfer et veulent se borner pour cela aux commandements, il est parfaitement légitime de veiller à leurs intérêts matériels et d'en prendre la protection pour soutenir ces âmes et assurer leur fidélité à Dieu. Agir ainsi, c'est imiter la sollicitude du Père céleste, si bien exprimée par les paroles de Notre-Seigneur. Mais si vous voulez faire un choix parmi les bons chrétiens et produire des vertus parfaites, la protection des intérêts, bien loin d'être un moyen efficace, deviendrait un obstacle au but proposé.

On objectera peut-être que la *Société protectrice du travail chrétien* s'est mise en contradiction avec ces principes lorsqu'elle a distribué des médailles aux jeunes filles signalées comme plus vertueuses.

La contradiction n'est qu'apparente, et cela parce que ce genre de récompense est réservé aux jeunes filles. Pour qui connait la fragilité de ces âmes, n'est-il pas évident que leur perfection équivaut à peine à une vertu ordinaire dans les personnes âgées ? Supposez-les aussi saintes que vous le voudrez, ce sont toujours des enfants qu'il faut nourrir de lait pour conserver leur vie spirituelle. Tant qu'elles n'ont pas fait d'une manière heureuse le choix d'un état qui assure leur persévérance, on doit trembler de voir les plus innocentes et les plus pieuses venir se briser contre un des mille écueils qui les entourent. Et quel écueil que la pauvreté !...

Donc les récompenses pécuniaires se trouvent ici à leur place. En frayant le chemin vers un établissement honnête, elles ne viennent pas couronner une perfection qui n'existe qu'à la surface, elles consolident simplement une vertu fragile pour lui permettre de subsister toute la vie. Voilà comment les médailles de notre Société ne ressemblent en rien aux prix Monthyon qui sont accordés à tous les âges. Sous cette forme de médailles, l'œuvre fait ce qui a été pratiqué de tout temps dans les pays catholiques par la dotation des filles pauvres.

Pourra-t-on distribuer aussi des médailles aux jeunes ouvriers ? La chose est pratiquée heureusement dans la ville d'Angers par une Société d'encouragement au bien fondée peu de mois avant la nôtre. Cette Société distribue en récompense des livrets de caisse d'épargne aux élèves des Frères des Écoles chrétiennes qui se conservent vertueux durant leur apprentissage. Nous pensons qu'il sera possible d'en faire autant, en étendant ces récompenses à tous les apprentis et jeunes ouvriers de nos patronages et de nos cercles. Ceux qui deviennent des hommes ou qui le sont déjà ne recevront de l'œuvre que des secours mutuels pour le temps de la maladie.

Faut-il ajouter un mot de réponse à l'objection banale de pousser à l'hypocrisie par l'appât de l'intérêt ? Si on a bien saisi la distinction qui précède, on reconnaîtra que nous venons au secours des vertus faibles, mais sincères. En les fortifiant, nous n'enlevons rien à leur sincérité, mais nous les préservons au contraire d'un autre genre d'hypocrisie qu'on a le tort d'oublier à une époque où elle fait des victimes innombrables. Je veux parler de l'hypocrisie dans le mal. En effet, les malheureux qui se laissent entraîner loin de Dieu par l'intérêt ou par la peur des railleries, que sont-ils autre chose sinon de pauvres hypocrites ? Ils prennent malgré eux les vices à la mode, tout en regrettant d'être infidèles à Dieu. Ils ne sont indifférents qu'à la surface ; leur cœur reste chrétien. Pour les convertir, les prédicateurs tonnent contre le respect humain, l'Œuvre des cercles forme des bataillons d'ouvriers et leur donne à défendre le drapeau de la croix. Mais espère-t-on changer la nature des hommes et faire autant de lions de ceux que la faiblesse du caractère et de la vertu rend timides comme des agneaux ?...

Il n'y a qu'un moyen de remporter sur le respect humain un triomphe définitif et général c'est d'abattre la force qui le produit. Prenons cette force pour nous. Présentons-nous à la foule avec des honneurs et des avantages. Aussitôt les cœurs timides, débarrassés du poids qui les écrase, respireront à l'aise. Ils se montreront au dehors bons, honnêtes et chrétiens comme ils le sont au dedans, et il n'y aura plus d'hypocrites dans le mal.

Mais j'avoue que cette masse de convertis dont la vertu sincère ne s'élèvera jamais bien haut entraînera de véritables hypocrites à sa suite. Ce sont ces êtres pervers qui font le mal avec audace, qui en sont les apôtres, tant qu'ils y trouvent leur profit. Ceux-là, dès qu'ils y verront leur intérêt, auront de la religion. Mais incapables d'en avoir l'esprit, ils n'en prendront que les apparences. Hélas ! ce sont des êtres inconvertissables. Ils sont tour à tour des loups ou des serpents. Vous n'en ferez jamais des agneaux. Avec eux il n'y a qu'un devoir, se défendre contre leur méchanceté. Dès qu'ils prendront un masque, nous devrons redoubler de prudence pour n'être pas dupes de leur hypocrisie. C'est pour mieux atteindre ce but que la *Société protectrice du travail chrétien* prend une organisation laïque. Les ouvriers et les patrons y sont reçus non par des prêtres mais par leurs confrères. Entre confrères on se connaît. Ce mode de réception rendra donc les erreurs fort difficiles.

Concluons par quelques détails pratiques : La nécessité de nos conférences, avons-nous dit, est en raison inverse du nombre des ouvriers chrétiens. Donc, s'il faut se hâter de les établir, c'est dans les villes où ce nombre est extrêmement modique.

Prenons une ville de 10 à 20 mille âmes où se trouve à peine une centaine de travailleurs chrétiens. Les laisserez-vous éparpillés, sans aucune relation entre eux, sans rapports suivis avec les catholiques des classes dirigeantes ? Mais cette vie isolée est un immense danger pour leur âme. Elle est un scandale qui empêche la conversion des pécheurs. Qu'on les suppose dans une ville infidèle, en Chine par exemple, et qu'on me dise si, avec cette manière d'être, ils réussiront à convertir les païens. Il est donc indispensable d'unir fortement ce petit noyau pour assurer sa persévérance et surtout pour ramener à Dieu les âmes égarées, en leur offrant le spectacle de cette union des cœurs qui a signalé les premiers temps de l'Église. Or je demande qu'on m'indique un moyen pratique d'opérer l'union, préférable à celui de la *Société protectrice du travail chrétien*. J'avoue que je n'en connais pas de si simple et de si aisé. Plus les listes seront courtes, plus il sera facile de les faire. Dans ce cas, on n'aura pas même la peine de recourir au luxe de l'impression. Mais il faut des listes, si vous voulez amener les riches à favoriser leurs frères de la classe ouvrière.

Hélas ! les chrétiens des classes dirigeantes ne refuseront pas de l'avouer. Combien parmi eux apportent une paresse incurable à l'accomplissement de leurs devoirs ? L'assistance à la messe le dimanche, le maigre du vendredi... sont des commandements incontestables et incontestés. Ne trouve-t-on pas cependant mille personnes pieuses qui s'en dispensent dès que la chose devient un peu pénible ? Elles se dispenseront également de réserver leurs faveurs aux ouvriers chrétiens, si elles doivent avoir la peine d'aller à leur découverte. Heureux encore si nos listes placées sur leur bureau les décident à faire des choix convenables ! Je l'avoue avec une douleur poignante, la difficulté n'est pas d'obtenir que les ouvriers consentent à l'impression de leur nom, elle est de décider les riches à se servir des adresses qu'on leur donne. Malheur à nous si cet oubli de nos devoirs continue ! Les riches aussi ont besoin d'espérance et de crainte. La crainte a été rendue assez grande par les calamités de toute nature qui ont désolé notre patrie. Puisse l'espérance de rétablir la paix sociale achever l'œuvre commencée par la crainte et décider les riches à comprendre et à remplir leur devoir d'aimer et de favoriser les ouvriers chrétiens ! Si ce vœu ne devait pas se réaliser, nous verrions certainement l'indifférence, le mépris et la haine aggraver de plus en plus nos divisions et nous conduire tous à une perte irréparable.

CHAPITRE III.

RAPPORTS DES CONFÉRENCES DE SAINT - JOSEPH AVEC L'ŒUVRE DES CERCLES ET LES AUTRES SOCIÉTÉS CATHOLIQUES.

En donnant un nom spécial à la *Société protectrice du travail chrétien*, nous ne prétendons nullement la séparer des autres œuvres de zèle entreprises en faveur des ouvriers. Bien que sa nature complète lui permette de garder son autonomie, de vivre dans une pleine indépendance, il ne serait pas utile de diviser ainsi les forces catholiques. Nous pensons au contraire qu'il est sage de concentrer dans les mêmes mains les moyens qui se ressemblent, afin d'éviter les compétitions et de rendre ces mains plus puissantes. Nous avons donc accepté avec joie le vœu du Congrès de Bordeaux, qui propose aux Sociétés catholiques et particulièrement à l'Œuvre des cercles d'exercer la protection du travail chrétien dans le sens que nous avons indiqué. Déjà diverses œuvres sont exercées par les mêmes sociétés. C'est ainsi que la Société de Saint-Vincent-de-Paul pratique partout l'œuvre de Saint-François-Régis. C'est encore cette même Société qui a formé en divers lieux les Comités catholiques et les Comités pour les cercles d'ouvriers. Elle peut donc aisément former aussi des Conférences de Saint-Joseph.

Cependant si deux œuvres se ressemblent et sont destinées à s'unir ce sont certainement l'Œuvre des cercles et la *Société protectrice du travail chrétien*. Le but est le même. Il s'agit de part et d'autre de sauver la classe ouvrière et même les classes dirigeantes. Il y a aussi les mêmes principes : l'admission exclusive des chrétiens pratiquants, la division du travail, une active propagande dans les classes supérieures pour les amener à se dévouer aux classes inférieures.

Les deux œuvres ne diffèrent que sur un point. Celle des cercles n'a voulu aborder jusqu'ici que la question religieuse et morale. C'était justice. Il fallait chercher avant tout le règne de Dieu. En se hâtant trop de résoudre la question économique, l'Œuvre se serait exposée à faire fausse route. De là le soin scrupuleux des fondateurs à écarter provisoirement cette question pour avoir le temps de bâtir solidement le temple et ses portiques. Au contraire, la *Société protectrice du travail chrétien*, supposant déjà résolue la question religieuse, franchit les limites du temple et va partout résoudre la question d'intérêt.

Elle est donc une extension naturelle de l'Œuvre des cercles, extension attendue dès l'origine et souvent promise par les fondateurs de cette Œuvre M. Albert de Mun le répétait encore récemment au comité de Rennes à son retour de Pontivy. — « Nos « associations, disait-il, sont destinées à acquérir « dans l'avenir des développements économiques « importants. Nous pouvons, nous devons y son- « ger. » (Comité de Rennes, Compte-rendu de la séance du 7 mars 1876, page 5.) Aussi, dès que le Comité de l'Œuvre a eu connaissance de la *Société protectrice du travail chrétien*, il a autorisé volontiers son introduction dans le comité et dans le cercle d'Angers. Le vœu du Congrès de Bordeaux a été formulé dans la septième Commission par le représentant officiel de l'Œuvre des cercles, M. le comte de la Tour du Pin-Chambly. Il a pensé avec raison que tout le travail des Conférences de Saint-Joseph pouvait et devait être exercé par la première section de chaque comité de l'Œuvre des cercles, la section de la propagande. Nous le pensons aussi. Toutefois il n'est pas inutile que la *Société protectrice du travail chrétien* se présente avec un nom spécial et une organisation complète qui lui permette d'agir toute seule dans un cas donné.

Hélas! il faut prendre la nature humaine comme elle est, avec ses préjugés, ses faiblesses et ses entêtements. Que de personnes, d'ailleurs excellentes, conçoivent brusquement des antipathies qu'elles ne raisonnent pas et dont il est impossible de les délivrer! Ces antipathies existent pour les œuvres comme pour les individus. On trouve des pays où il n'a jamais été possible de fonder une Conférence de Saint-Vincent-de-Paul. Il y en a bien davantage qui ne veulent entendre parler à aucun prix de l'Œuvre des cercles catholiques. On aimera mieux essayer le même bien isolément sous un nom quelconque et sous une forme plus ou moins imparfaite de cercle et de patronage que d'entrer dans une grande œuvre et de participer à ses avantages. Soit! que chacun agisse librement. Pourvu que le bien se fasse d'une manière ou d'une autre, qui donc voudra s'en plaindre?... Voilà pourquoi il nous paraît utile de publier cet écrit. Ceux qui auront la bonne pensée d'agir avec ensemble, le pourront aisément en se mettant d'accord avec la Conférence d'Angers ou plutôt avec l'Œuvre des cercles. Mais s'il en est qui préfèrent tenter à part la protection du travail chrétien, ils auront dans cet opuscule des indications suffisantes pour diriger leur marche. Ils pourront donc agir dans la plénitude de leur liberté, en ne consultant que Dieu et les circonstances où ils se trouvent, pour choisir ce qu'ils jugeront le meilleur.

CHAPITRE IV.

TRAVAIL DES CONFÉRENCES DE SAINT-JOSEPH.

La Conférence doit d'abord se constituer par la nomination d'un président, vice-président, trésorier et secrétaire. Elle n'a qu'à suivre en ceci les usages reçus dans les conférences de Saint-Vincent-de-Paul et dans les divers comités catholiques. Elle les suivra également pour l'admission de nouveaux conférenciers.

Une fois constituée, elle aborde le travail de la confection des listes. Toutes les villes un peu importantes ont un annuaire. C'est avec ce livre à la main qu'il faut procéder. On prend rue par rue tous les ouvriers chrétiens et on va successivement les enrôler dès qu'on a reçu du curé de la paroisse ou de personnes autorisées des témoignages suffisants sur leur conduite honorable et religieuse.

Les apprentis et les ouvriers qui travaillent chez des patrons n'ont nul besoin que leur nom soit imprimé. Il ne convient pas même de les admettre dans la *Société* s'ils ne font partie d'un patronage ou d'un cercle. Alors seulement ils pourront bénéficier des secours mutuels et des livrets de caisse d'épargne. On fera bien cependant d'imprimer le nom de ceux qui obtiendraient ces livrets en récompense de leur conduite.

L'ouvrier qui travaille seul et à son compte peut être reçu dès qu'il prend l'engagement de continuer à pratiquer les commandements de Dieu et de l'Église.

Quant aux patrons, il convient de ne les admettre qu'après leur avoir fait souscrire les divers engagements indiqués dans les sociétés de patrons chrétiens déjà fondées par l'Œuvre des cercles. On les trouvera au Compte-rendu de l'Assemblée générale de 1876. Voici les devoirs que promettent de remplir les patrons chrétiens de Saint-Malo :

1° Veiller à la conservation et au développement des principes religieux et des bonnes mœurs de leurs ouvriers ;

2° Établir une bonne discipline dans leurs ateliers, discipline qui est la base de leur prospérité et une source de bien-être pour la famille de l'ouvrier;

3° Interdire les blasphèmes et propos licencieux ;

4° Renvoyer l'ouvrier qui travaille à corrompre les autres ;

5° Agir en bon père de famille avec l'ouvrier et notamment avec l'apprenti ;

6° Ne jamais faire travailler le dimanche et les fêtes d'obligation sans l'autorisation de l'Église. (Assemblée générale de l'Œuvre des cercles en 1876, page 518.)

Les patrons de Toulouse ont souscrit les mêmes engagements, sauf que l'article cinquième est remplacé par ces deux autres :

5° Employer de préférence, autant que possible, les ouvriers chrétiens, particulièrement ceux qui leur seront présentés par les œuvres patronées par le Comité ;

6° Faire apprécier les bienfaits de l'Association catholique à leurs ouvriers et favoriser leur entrée dans les œuvres. (Ass. Gén. de 1876, page 524.)

La Conférence de Saint-Joseph devra s'occuper ensuite de faire imprimer la liste et de la distribuer. Cette double opération se fait une fois l'an. Pour rendre les listes plus intéressantes et plus utiles il convient de réunir dans un même annuaire celles des hommes et celles des femmes. On donne les listes à quiconque s'engage à les consulter pour régler chrétiennement ses dépenses, quand même ce ne serait pas un chrétien pratiquant. On prend le nom et l'adresse du souscripteur pour revenir, un an après, lui apporter la nouvelle liste.

Il me paraît indispensable de réimprimer complétement la liste tous les ans, en sorte que chaque liste constitue un véritable annuaire qui annule le précédent. Je ne vois que ce moyen de résoudre charitablement les cas de radiation. Car on doit s'attendre à être trompé quelquefois. En outre, les ouvriers chrétiens ne sont pas impeccables. Il peut donc y avoir des défections, de véritables scandales qui ne permettent pas de conserver un nom sur la liste de la Société. Sans doute la Conférence de Saint-Joseph ne devra pas admettre légèrement l'idée d'une exclusion. Elle protestera, au contraire, contre les efforts des envieux, en maintenant sur sa liste les victimes de la calomnie. Mais devant une faute évidente, elle omettra le nom du coupable dans l'édition du nouvel annuaire. Cet acte de justice ne saurait être taxé de cruauté puisqu'il faudra omettre également quantité de noms pour des causes parfaitement légitimes, comme pour le cas de mort, de liquidation, de départ ou de retrait volontaire. Ainsi les omissions n'apprendront rien par elles-mêmes et ne sauront être interprétées d'une façon odieuse.

Reste à régler l'article des cotisations. Il en faudra une nécessairement pour couvrir les frais d'impression de l'annuaire. Mais puisque l'œuvre entreprend de favoriser les intérêts matériels des travailleurs, elle manquerait son but, si favorisant les maîtres, elle négligeait les ouvriers. La position de ceux-ci est bien autrement précaire que celle des patrons. Aussi la *Société protectrice du travail des femmes* a-t-elle, dès son début, servi des secours mutuels abondants aux ouvrières et décerné des médailles à quelques jeunes filles. Pourquoi ne pas tenter le même effort pour les ouvriers? La chose paraît d'autant plus urgente que jusqu'ici les cercles catholiques d'ouvriers n'ont réussi à former, d'après les règles ordinaires, aucune société de secours mutuels. Mais il n'est pas impossible d'y parvenir en augmentant la caisse de secours par les cotisations de patrons et par celles des catholiques aisés qui accepteront les listes de l'œuvre. Grâce à ces dernières cotisations on pourra même distribuer des livrets de caisse d'épargne à nos plus jeunes sociétaires. C'est pour atteindre ce double but que la Conférence d'Angers a fixé à trois francs la cotisation des ouvriers et des patrons, et à six francs celle des autres membres de la Société.

Les rapports incessants de la Conférence avec les patrons et les ouvriers la mettront à même de s'occuper aisément de placements convenables. Elle tiendra donc des livres sur lesquels seront notées les demandes qu'elle recevra à cet effet et elle n'épargnera rien pour amener par ses indications et ses conseils une composition toute chrétienne dans le personnel des ateliers.

Un dernier travail de la Conférence sera de préparer le rétablissement des corporations. Dès que les listes de l'œuvre offriront un nombre suffisant d'agrégés d'un même état, la Conférence se hâtera de les convoquer à des réunions spéciales pour les mettre à même de régler entr'eux les intérêts de leur profession. Elle convoquera également les délégués des diverses corporations pour achever selon les lois de Dieu ces règlements d'intérêts.

Tout cela constitue un grand travail. Mais la Conférence peut recevoir un nombre illimité de sociétaires. Il est donc aisé de rendre ce travail praticable en le partageant entre les divers conférenciers.

Dans l'œuvre d'Angers, la Conférence de Saint-Joseph se réunit au cercle le dimanche un peu après le salut. Les ouvriers membres du conseil intérieur en font partie de droit. On y admet par faveur d'autres ouvriers sociétaires actifs ou agrégés que la Conférence juge dignes de cette confiance. Le rôle spécial de ces premiers conférenciers est de faire de la propagande auprès de leurs compagnons qui ne viennent pas au cercle. L'enrôlement des patrons est confié spécialement aux membres de la Conférence qui sont encore ou qui ont été à la tête d'un atelier. La distribution des listes est faite par les conférenciers laïques vivant en dehors des affaires. Si des prêtres assistent à la conférence, ce ne doit être que pour l'éclairer de leurs conseils. Ils ne peuvent y remplir aucune charge. L'unique travail qui leur revienne est de faire accepter les listes pa leurs confrères et par les communautés religieuses.

CHAPITRE V.

DE SAINT JOSEPH PATRON DE LA CONFÉRENCE.

J'ai la ferme conviction que saint Joseph est destiné à sauver la classe ouvrière et même tout le peuple chrétien, en le ramenant à la pratique de la loi de Dieu. Cette conviction est basée sur le rôle qu'a joué dans l'Egypte l'ancien Joseph, figure prophétique du nouveau. Il n'y a pas à nier ici la prophétie puisque l'Église l'accepte. Notre devoir est de l'étudier mieux à la lumière des événements afin de reconnaître la conduite de la divine Providence et d'entrevoir les miséricordes que nous prépare l'avenir dans celles du présent et du passé.

Quel est le trait principal qui caractérise l'ancien Joseph? C'est la prévoyance avec laquelle il amassa du froment pendant les années d'abondance et l'habileté avec laquelle, au temps de la famine, il sut le vendre au profit de son maître, de sorte que cette longue épreuve servit à faire de Pharaon le plus puissant roi de la terre. Joseph fut appelé justement le sauveur du monde puisqu'il sut faire vivre le peuple pendant sept ans. Il fut en même temps le sauveur de la puissance royale qui aurait péri fatalement sous la colère d'une multitude égarée par la faim, au lieu que, grâce à la sagesse de Joseph, elle se fortifia chaque jour et prit des accroissements immenses.

Tout cela est prophétique et nous devons l'entendre du règne de Jésus-Christ sur la terre. Ce règne a commencé par des années d'abondance. Le pain de l'Eucharistie qui fait vivre les âmes a été pendant bien des siècles distribué aux fidèles avec une admirable prodigalité. Les hérétiques eux-mêmes en ont eu leur part. Tous ceux qui se sont succédé pendant mille ans ont gardé le sacerdoce, l'autel et l'Eucharistie. Mais la famine devait venir. Une première erreur s'élève contre ce dogme ici dans la ville d'Angers. Elle était trop précoce. L'auteur lui-même la soutient timidement et la désavoue plusieurs fois. Elle ne sert qu'à raviver la piété envers l'Eucharistie. Nous lui devons la fête du Saint-Sacrement et les chants magnifiques de saint Thomas.

Cependant cette piété se refroidit. Les fidèles perdent le goût du pain eucharistique. Au xiii° siècle, le concile de Latran est obligé de leur rappeler qu'ils doivent communier au moins une fois tous les ans. Vains efforts. L'indifférence produit l'hérésie. Elle se manifeste au xv° siècle et parvient au xvi° à couvrir la moitié de l'Europe, renversant partout les autels et condamnant à la famine des peuples entiers. Le mal s'aggrave encore. Il pénètre jusque dans le sein des nations demeurées catholiques. Le souffle glacial du jansénisme, celui du rationalisme viennent successivement refroidir les cœurs pieux. De toute part on fuit l'Eucharistie et on voit apparaître une nouvelle race de chrétiens, les chrétiens non-pratiquants. Voici donc le monde dans une situation parfaitement semblable à celle de l'Égypte au temps de Pharaon et de Joseph. Partout la famine jusque dans le sein de l'Église. Le pain eucharistique abonde dans les greniers du Roi des rois. Nos ciboires en sont pleins et tout autour erre une multitude qui meurt de privation parce qu'elle ne communie plus.

Chose remarquable ! Le rôle de saint Joseph dans l'Église est lié depuis le commencement à l'histoire de l'Eucharistie. Tant que le pain des âmes est goûté avec amour par les fidèles, saint Joseph semble n'avoir rien à faire avec eux. Il n'a point de place dans l'Église et vit seul avec Dieu dans le ciel attendant que son heure sonne pour jouer son rôle ici-bas. Le fils bien-aimé de Jacob vendu par ses frères languit longtemps au milieu des esclaves et même au fond d'une prison. Il ne sort de son obscurité que pour arracher le monde à la famine. De même une obscurité mystérieuse enveloppe pendant des siècles ce bien-aimé de Dieu, saint Joseph. Il faudra aussi la famine eucharistique pour le produire au grand jour.

Sa première apparition est contemporaine du célèbre décret sur la communion pascale. Alors les Carmes viennent apporter son office en Europe, pendant que saint François, introduisant la dévotion de la crèche, place à côté de Jésus enfant et de Marie la statue de saint Joseph. Au xv⁰ siècle, quand l'hérésie paraît, un chapitre général de notre Ordre se tient à la Baumette dans la ville d'Angers qui avait entendu le premier blasphème contre l'Eucharistie. Il est présidé par un religieux devenu depuis Sixte IV. Or ce chapitre ordonne que la fête de saint Joseph, déjà célébrée par dévotion, aura un rite double et sera tout à fait obligatoire dans notre Ordre. Quelques années plus tard, quand les protestants allaient ouvrir l'ère de la famine, Dieu suscita sainte Térèse en Espagne pour être l'apôtre de la dévotion à saint Joseph. A partir de ce moment le culte de ce saint prend des accroissements aussi rapides, aussi considérables que ceux de la famine eucharistique. Et quand le mal est arrivé de nos jours à son comble nous entendons le Roi du ciel tenir au monde, par la bouche de son Vicaire, le langage de Pharaon à son peuple affamé. Pie IX dit à l'Église entière, il dit surtout aux ouvriers : Allez à Joseph.

A-t-on obéi suffisamment à cet appel du Souverain Pontife? Je ne le pense pas. Les ouvriers de nos patronages et de nos cercles sont jusqu'ici les seuls qui aient rendu à Joseph le culte solennel qu'il mérite. Or, ils ne forment qu'une petite minorité même parmi les ouvriers pratiquants. Que les autres suivent désormais leur exemple. Quiconque vit du pain eucharistique doit trouver en saint Joseph un père nourricier qui lui assure aussi le pain de chaque jour. Car une communion bien faite ne change-t-elle pas chaque fidèle en un autre Jésus-Christ, petit ou grand, selon les vertus de celui qui communie? Si donc c'est une âme faible, la communion l'introduit dans l'intérieur de Nazareth et le place de droit entre les mains de Marie et de Joseph. Ainsi c'est au chef de la sainte famille de faire vivre les corps et les âmes des enfants spirituels. C'est à lui de procurer le surcroît des bénédictions temporelles aux ouvriers chrétiens qui cherchent le règne de Dieu et sa justice.

Telle est la raison qui nous a poussé à conseiller le dénombrement des travailleurs chrétiens pour leur ménager les faveurs des catholiques. En organisant ainsi la protection de leur travail, nous avons voulu les lier étroitement à saint Joseph, persuadé que ce saint a la puissance de les rendre heureux sur la terre et de les conduire au ciel.

PRIÈRE A NOTRE-SEIGNEUR

AVANT LA CONFÉRENCE.

Seigneur Jésus, qui après vous être donné à nous dans l'Eucharistie, avez supplié votre Père de nous conserver tous dans l'union de votre charité, accordez-nous la grâce d'aller à la recherche des ouvriers nos frères. Apprenez-nous à leur témoigner si bien notre respect et notre dévouement qu'ils ne refusent pas de s'unir à nous. Mais faites que cédant à nos instances chacun d'eux vienne prendre dans nos rangs la place qui lui revient, afin que tous ensemble, n'ayant qu'un cœur et qu'une âme, nous travaillions efficacement à l'extension de votre règne sur la terre. Nous vous le demandons au nom de l'union que vous avez avec le Père et le Saint-Esprit, au nom de celle qui a toujours existé entre votre cœur et les cœurs de Marie et de Joseph. Ainsi soit-il.

PRIÈRE A SAINT JOSEPH

APRÈS LA CONFÉRENCE.

Glorieux saint Joseph que Dieu a fait ouvrier pour être le modèle de ceux qui travaillent, communiquez-nous l'esprit dont vous êtes animé. Pendant votre vie et durant bien des siècles vous avez accepté avec amour les desseins de la divine Providence qui vous ont caché dans la plus complète obscurité. Vous surpassiez en mérite et puissance tous les ouvriers envoyés dans la vigne du Seigneur. Mais heureux de les aider par vos prières vous n'avez voulu venir qu'à votre heure prendre dans l'Église la place qui vous appartient. Faites qu'à votre exemple nous soyons uniquement occupés de la gloire du Seigneur. Apprenez-nous à préférer le travail des autres à notre propre travail. Obtenez-nous une charité ingénieuse qui sache triompher de tous les découragements afin que chaque fidèle reprenant confiance en vous, en Marie et en Dieu, ne refuse plus à Jésus-Christ et à son Église les divers services qu'il est capable de leur rendre.

Ainsi soit-il.

TABLE

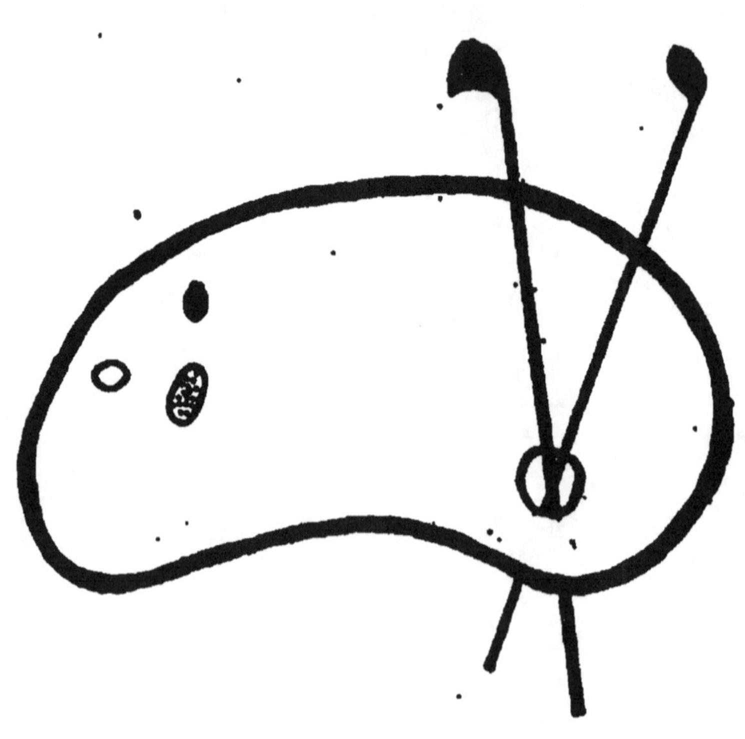

ORIGINAL EN COULEUR
N° Z 03-120-1